AF191826

Die Autorin:

Gaby Ulm, geboren 1965, schreibt seit frühester Jugend Gedichte und kleinere Geschichten. Dies ist ihr erstes Buch, in dem Gedichte aus zwei Jahrzehnten veröffentlicht sind.

Seit vielen Jahren befasst sie sich mit Mythologie und spirituellen Themen wie Magie und Reinkarnation.

Sie lebt mit ihrer Familie und ihren Tieren auf dem Land und ist beruflich als Buchhändlerin, Astrologin und spirituelle Lebensberaterin tätig.
Nähere Informationen: http://www.ruwenna.de

Gaby Ulm:

Licht und Schatten

Gedichte

Erstausgabe: 12/2007
Copyright: Gaby Ulm

Herstellung und Verlag: Books on Demand GmbH,
Norderstedt
ISBN: 978-3-8370-0514-1

Für meinen Gefährten Michael
Danke für die Inspiration
Danke für die Kraft
Und
Danke für Deine Liebe zu mir

.

Ich bin

hell bin ich
gut
liebevoll
zartfühlend
mitfühlend
helfend

dunkel bin ich
böse
hasserfüllt
grausam
gefährlich

ich bin

geschichten im wind

der wind erzählt geschichten
aus alter zeit
von göttern und menschen
von allem was war
der wind erzählt geschichten
von liebe
von leid
von glück
von schmerz
von einsamkeit
von tränen in der nacht
von sieg
von niederlage
von trauer
von tod und krieg
der wind erzählt geschichten
von denen, die vor uns waren
von uns, wie wir waren
von hexen, machtvoll und schön
von männern, kalt und grausam
der wind erzählt geschichten
für den, der hören kann

Licht

Du

stern, der mich durch die dunkelheit führt
sonne, die den tag erhellt
wind, der düstere wolken vertreibt
anker in stürmischer see
hafen in dieser welt
feuer, das mich wärmt
liebe, die mich einhüllt
netz, das mich auffängt
zuhause
teil meiner seele
ich lebe durch dich
ich lebe für dich

für meinen gefährten

Für Samantha

du bist mein grund
weiter zu kämpfen
nie aufzugeben
allen stürmen des lebens zu trotzen
mich zu wehren
alles durchzustehen

wenn ich dein lächeln sehe
weiß ich
alles lohnt sich
jede mühe
jede schlaflose nacht
jede träne
alles

würde alles für dich tun
würde für dich stehlen
würde für dich morden
mein leben für dich geben

ich liebe dich, meine tochter

Magisches Band

das magische band zwischen uns
gewoben aus
liebe
respekt
vertrauen
begehren
verständnis
gesegnet von der Göttin und dem Gott
untrennbar
für die ewigkeit gewoben
nicht zerstörbar
verbindet unsere seelen
für immer
wie ein lichtstrahl zwischen unseren seelen
vereint es uns in freiheit
verbindet unsere seelen in liebe
für alle zeiten

Stern

in der dunkelsten nacht meiner seele
als alles verloren schien
öd war die wildnis in mir
alles kalt und leer
in den trümmern meines lebens
einsam
gebrochen
mutlos
ohne hoffnung
da fand ich einen stern
der leuchtet
auch in dunkler nacht
dessen licht mir wärme gibt
in eisigen zeiten
der mich leitet
meinen weg erhellt
und hoffnung gibt
der mich hält
in stürmischem wind
bei rauher see
der mir
immer wieder
mut und kraft zum leben gibt
der meine nacht erhellt
und auch bei tage leuchtet

Hafen

habe meinen hafen gefunden
stürmische zeiten habe ich durchlebt
mich in die wilden wogen gestürzt
unbekannten und falschen sternen bin ich gefolgt
mehr als einmal die trümmer meines lebens zusammengefegt
mehr als einmal von vorne angefangen
durch die dunkelheit geirrt
ohne wegweiser
im meer der tränen
falsche wege eingeschlagen
immer auf der suche
nach geborgenheit
wärme
liebe
mich oft verlaufen
bis zu jenem tag
an dem ich dich fand
und mich selbst auch
das licht deiner liebe
wies mir den weg
in den sicheren hafen
meine suche jetzt beendet
bei mir angekommen
in deinen armen mich gefunden
bleibe jetzt hier
für immer

Mein Weg

für immer an deiner seite
durch alle höhen und tiefen
auch wenn er manchmal steinig ist
ich gehe ihn mit dir
dich stützend, wenn du strauchelst
dich wärmend, wenn du frierst
nichts wird mich je von dir trennen

Die Magie des Augenblicks

immer noch ist sie da
die magie des augenblicks
als wir uns plötzlich
mit den augen der liebe sahen
kannten uns schon jahre
und nahmen uns nicht richtig wahr
beide noch gebunden
dann plötzlich
deine augen
sah dich wie du wirklich bist
sah deine seele
du warst es auf den ich wartete so lange zeit
deine küsse die meine seele weckten
deine hände, die mich nach hause brachten
dort wo ich hingehöre
zu dir für immer
du heiltest meine wunden
ich die deinen
wir lernten zu lieben
zu vertrauen
manchmal kann ich es kaum glauben
manchmal bekämpfe ich dich und meine mich
manchmal verletze ich dich und meine mich
doch du verstehst
und deine liebe schützt mich vor allem grauen
du hältst mich immer noch
und immer noch ist sie da
die magie
wenn wir uns in die augen sehen

Gestohlene Stunden

gestohlene stunden
kurz
doch voll des glücks
deine augen
zärtliches lachen
sanfte berührungen
leidenschaftliche küsse
wärme
geborgenheit
in deinem arm
deine stimme
leise murmelnd
deine hände
stark und zärtlich
gefühl von vertrautheit
unsere körper
aneinander geschmiegt
unsere seelen
nicht fremd
dein herzschlag
dicht an meinem
sturm der emotionen
friede in deinem arm
ruhe
ergebe mich ganz
gestohlene stunden
kurze spannen nur
im meer der zeit
aber die,
die wirklich zählen

In Deinen Armen

in deinen armen
fand ich wieder
was ich längst verloren glaubte
mich selbst
mein lachen
zuversicht
mut
kraft in deiner liebe
vertrauen
wärme
geborgenheit
hast meine tränen getrocknet
meine wunden geheilt
meine sehnsucht gestillt

hab meine seele mit der deinen verbunden
für alle zeit
werd nie mehr von dir gehen
egal was geschieht
werde immer bei dir sein

Vertrauen

du siehst mich forschend an
deine augen stellen fragen
sehe deine seele
so verletzlich
offen liegt sie vor mir
ich sehe deine narben
deine alten wunden
unausgesprochene fragen
möchte dich heilen
dir helfen
versuche dir sicherheit zu geben
vertrauen
ich bin da
ich bleibe hier
für immer
werde nie gehen
dich nie bewusst verletzen
dich nie zurücklassen
vertrau mir
lass dich fallen
überschreite die grenzen
lass die angst zurück
berührungen
zart wie ein hauch
gehen tief
lass die zweifel
folge mir
lass dich treiben
lerne fliegen
vertraue
vertraue mir
ich halte dich

wieder da

die sterne funkeln
der mond scheint hell
die luft ist warm und weich
der himmel dunkler samt
die nacht in sanftes licht getaucht
der wind rauscht leise in den bäumen
und singt ein liebeslied
alles ist schöner, als es gestern noch war
denn du bist wieder da

die sonne scheint
die vögel zwitschern
die luft ist klar und rein
der himmel strahlend blau
die welt mit satten farben angemalt
der wind rauscht leise in den bäumen
und singt ein liebeslied
alles ist schöner, als es gestern noch war
denn du bist wieder da

Für alle zeit

sehe deine augen
so klar und rein
am morgen
wenn du erwachst
und mich voller liebe ansiehst
höre deinen herzschlag
wenn ich an deiner brust ruhe
weiß, dass es für mich schlägt
höre deinen atem
spüre deine wärme
die liebe, die mich umgibt
in deinen armen
da bin ich zuhaus
und werd es immer sein
bestimmt füreinander
für alle zeit

erneuert

sehe in deine augen
deinen blick voller liebe
wie vor jahrhunderten
nichts ist anders
an unseren gefühlen
wiedererkannt
schon in den ersten nächten
als du dich über mich beugtest
in deinen augen
die seele, die ich so lange suchte
die ich liebte so sehr
erinnerungen erwachen
an unsere zeit im wald
bei den klippen
an den feuern
voller lebensfreude
eins mit der natur
eins mit allem
bis sie kamen
mit dem schwert
um uns und die götter zu töten
im auftrag ihren grausamen gottes
wir flohen
wie gehetztes wild
durch die wälder
bis zu jenem see

an dem sie dich mir nahmen
ein pfeil in deiner brust
blut überall
deine augen
unser versprechen
auf ewig
dein letzter atemzug
laß mich nicht allein
musste weiter
für unser kind
für unser volk
habe dich nie vergessen
unser versprechen
vor jahrhunderten
jetzt erneuert

Ich liebe Dich so sehr

ich liebe dich so sehr
mit jedem tag wird es mehr

auch wenn du mich häufig verletzt
mit worten, so scheint es, das messer wetzt
so hoff ich doch tief in mir drin
dass du mich immer noch liebst und ich die einzige bin

möchte dich berühren und schmecken
deinen körper mit küssen bedecken
deine wärme spüren tief in mir
und in liebe verschmelzen mit dir

deine seele immer bei mir spüren
dich zur offenheit verführen
deine mauern endlich fallen sehen
das wäre wunderschön

und bist du einmal fort von mir
dann geht ein teil von mir mit dir
dann fühle mich dennoch nah
bis du wieder bist da
so leg ich meine seele offen vor dich hin
mach damit, was dir kommt in den sinn
nur bitte, verletz mich nicht so sehr
ich liebe dich von tag zu tag mehr

für dich

für dich brennt immer ein feuer in meinem herz
an dem du dich wärmen kannst
meine hand wird immer da sein dich zu stützen
wenn du strauchelst
meine arme werden dich immer auffangen
wenn du fällst
meine ohren werden immer zuhören
wenn du etwas erzählen willst
wenn du leidest werde ich immer mitfühlen
auch ohne worte dich verstehen
wenn alles um dich in dunkelheit versinkt
will ich dein licht sein
dir wieder hoffnung geben
wenn du deinen weg verlierst
will ich dir helfen dich wieder zu finden
meine liebe wird immer bei dir sein
im sonnenschein
und in schweren zeiten
ob du neben mir stehst
oder weit entfernt bist
ich bin da
für dich
immer
(für all meine freunde)

macht deiner gedanken

spüre deine gedanken
wie berührungen
mein körper reagiert
gänsehaut überzieht mich
wohlige schauer
spüre deine hände auf meinen körper
deine lippen auf meinen
wandernd über meine haut
deine finger
die mich streicheln
zärtlich erst
dann fordernd
voller verlangen
rieche dich
höre deinen atem
keuchend an meinem ohr
recke mich dir entgegen
will dich spüren
ganz
in mir
du setzt mich in flammen
nur durch die macht deiner gedanken

Ekstase

sehe in deinen augen die lust erwachen
verführerisches glitzern
deine blicke ziehen mich aus
streicheln meine haut
hitze macht sich breit
du ziehst mich an dich
deine lippen berühren die meinen
spüre das feuer in dir
deine hände durchwühlen mein haar
du knabberst an meinen lippen
deine zunge erforscht meinen mund
spielerisch und fordernd zugleich
dein körper presst sich an meinen
deine hände streicheln mich
sanft und zärtlich
hart und fordernd
spüre deine erregung
langsam ziehst du mich aus
streifst deine kleidung ab
nackt pressen sich unsere körper aneinander
unser atem geht schneller
schweißtropfen auf unseren körpern
du biegst meinen körper nach hinten
erkundest ihn
mein unterleib presst sich an deinen
will dich spüren

du drehst mich um
deine hände umfassen hart meine hüften
du drängst dich zwischen meine beine
das feuer lodert
deine hände greifen fester zu
immer drängender
regenbogen um mich
löse mich auf in der ekstase

Feuer

sehnsucht brennt heiß in mir
wie ein unbezähmbares feuer
verzehrt mich
das feuer
das mich verbrennt
mit lodernden flammen
sehnsucht nach deinen lippen
deinen händen auf meiner brennenden haut
trink von meinen lippen
verbrenn mich mit deiner glut
bring mir erlösung
ergieß dich in mich
lösche die flammen
bis nur noch die glut weiterschwelt

Licht

mein körper streckt sich deinem entgegen
haut an haut
flammen lodern auf
brennende lust
prickelnd
deine hände
sanft und fordernd
knetend und streichelnd
deine lippen
deine zunge
ich verbrenne
glühende hitze
du dringst in mich ein
seelen verschmelzen
feuer
hochauflodernde flammen
verbrenne
löse mich auf
sehe regenbögen
glitzernde farben
funkelnde lichter
schwebe in helles, reines licht
bin das licht

Haut an Haut

haut an haut
höre deinen atem
spüre deine wärme
geborgen in deiner liebe
schweißtropfen auf der haut
sich bewegende schatten an der wand
zärtliches flüstern
verschlungene körper
verschlungene seelen

Leidenschaft

möcht dich berühren und schmecken
deinen körper mit küssen bedecken
deine hitze spüren tief in mir
verschmelzen in liebe mit dir

deine hände auf mir spüren
die mich zärtlich berühren
in deinen armen liegen
kann nie genug von dir kriegen

die lust in deinen augen sehen
vor leidenschaft vergehen
in höchste höhen schweben
den regenbogen erleben

auf dem regenbogen gehen
funkelnde sterne sehen
will in unserer lust ertrinken
die welt soll um uns versinken

Du

an mich geschmiegt liegst du neben mir
dein bauch an meinem po
dein atem an meinem nacken
dein arm um meine hüfte geschlungen
leise worte flüsterst du
voller zärtlichkeit
ich rolle mich ein
in deine liebe
fühle geborgenheit
schutz, wärme
im schein der flackernden kerze
nur wir beide
schweißtropfen auf der haut
salzigen geschmack auf der zunge
eingebettet in deine wärme
das leben genießend
dich genießend
deine hände, die mich zum licht führten
über die regenbogen
ermattet
glücklich

Zwielicht

macht

macht
hast du über mich
über meine gefühle
mein empfinden
das lächeln in deinen augen
das mein herz springen lässt
dein zärtliches flüstern
das mich erschauern lässt
das glitzern in deinen augen
das mein blut zum kochen bringt
deine arme in denen ich wärme finde,
geborgenheit, leben
wenn du hinter deinen mauern bist
dann spüre ich kälte
dann fröstelt mich
wenn deine seele sich nicht öffnet
dann weint mein herz
ein barsches wort
das mich erzittern lässt
macht
hast du über mich

aus meinen träumen tratest du hervor
du gabst mir hoffnung
du führtest mich aus der dunkelheit
du wärmtest mich mit deiner liebe
du gabst mir mut und kraft
aber hinten
im tiefsten dunkel meiner seele
da lauert sie immer noch
die angst
dass alles ein traum ist
vergänglich
manchmal
schleicht sie sich heran
auf leisen pfoten
springt mich an
unverhofft
schlägt sie ihre krallen in mich

wahrheit

kämpfe mich durch
ein gestrüpp von lügen
ein gespinst von täuschungen
voll angst
voll mut
volle verzweiflung
voller fragen
suche nach dem licht der wahrheit
frage mich selbst
will ich es wissen
will ich den schmerz der wahrheit spüren
will ich ihre fratze sehen
die mich anstarrt
unerbittlich
ja
will die reine wahrheit
von dir

leben

wandere durch mein leben
auf einem dünnen seil
ohne netz darunter
schwankend ist es
mühsam
immer balance halten
nie den halt verlieren
auch in den größten stürmen nicht
das seil schlägt wild hin und her
schatten greifen nach mir
wollen mich hinunterziehen
jeder schritt ein kampf gegen das untergehen
früher war es leicht und schön
zu tanzen auf dem seil
doch heute
mühsam nur
und hart
die last so schwer auf meinen schultern
drückt mich nieder
fallenlassen
wäre das schön
doch ich muss weitergehen
bis ans ende
nicht aufgeben
immer weiter

Gespenster

gespenster
aus meinem schatten geboren
ängste
genährt aus der vergangenheit
unbegründet
und doch da
stelle mich ihnen
bekämpfe sie
und dennoch
sie kommen immer wieder
wie die hydra
mit ihren tausend köpfen

angst
dich zu verlieren
angst
deine liebe zu verlieren
angst
nicht zu genügen
angst
wieder alleine zu sein
angst
dass vertrauen enttäuscht wird

kämpfe mit ihnen
mit den gespenstern

aus meinem schatten geboren

ein wort
eine geste
weckt die hydra
und wieder reckt sie ihre köpfe
schlägt zu mit ihren krallen
beißt sich fest
bohrende fragen
quälende zweifel
unbegründet
ich weiß
und
dennoch
immer wieder
wachsen ihre köpfe nach

gespenster
aus meinem schatten geboren

Gefangen

wie ein panther läufst du
an den stäben deines käfigs entlang
gereizt und wütend
wie ein wildes tier
reißt du an deinen ketten
knurrst und beißt um dich
magst dich selber nicht
ja du bist gefangen
in dir selbst
deine ketten hast du selbst geschmiedet
in liebevoller handarbeit
deine mauern selbst errichtet
reiß sie ein
tritt aus den trümmern hervor
zerreiß deine ketten
und fühl, wie wahre freiheit schmeckt
sie liegt in dir und nur dort
in deinem herzen
du musst sie nur zulassen
deine gefühle leben
und dann
erst dann
wirst du frei sein

Vermisse dich

liege hier im dunkeln
nur eine kerze brennt
lausche dem trommeln des regens
in der nacht
schließe die augen
seh dich vor mir
wünschte du wärst hier
würdest liegen neben mir
würdest mit mir in die flamme sehen
würdest zärtlich flüstern
mich in deine arme nehmen
mich halten die ganze nacht
wünschte du wärst hier
vermisse dich so sehr

der südwind

der südwind weht
bringt träume mit
und erinnerungen
die vergessen schienen
an einen wald
an einen see
wie kinder tollten wir umher
du und ich
dein haar mit den silbernen strähnen
nass und glänzend in der abendsonne
wassertropfen auf deiner haut
abperlend
das glitzern in deinen augen
die wärme deines blickes
die sanftheit deiner stimme
der südwind weht
und erinnerungen überschwemmen mich
erinnerungen
an dich
an deine augen
an deine hände
an deine berührungen
an deine küsse
und der südwind weht

Ahnung

wir ahnen es beide
keiner wagt es auszusprechen
angst hält uns zurück
angst vor dem was dann
wenn die ahnung gewissheit
und alles offen und klar
was wird dann geschehen
verletzung
glück
oder
schmerz
wie wird es dann weitergehen?

Schatten

immer noch
schatten der vergangenheit
düstere gefühle
aus dem unbewussten,
die dich hemmen
ketten,
die dich am fliegen hindern
fesseln
um dein herz
noch nicht ganz offen
suchst schutz
wolken in deinen augen
unmut, der nicht mich meint
mich aber trifft
immer noch
düstere wolken
vertrau mir doch

Kraft

sammele meine kräfte
tief in mir
stehe wieder auf
verlasse die dunkelheit
vor mir
verheißung von licht und wärme
gehe wieder
werde stärker mit jedem schritt
die kraft wächst
weiß
irgendwo finde ich liebe und geborgenheit
lasse das meer der tränen hinter mir
werde wieder stark sein
fliege meinen träumen hinterher
führen mich ins licht
bald

Hilflos

sehe deine augen
fühle deinen schmerz
möchte dir helfen
doch wie
kann dich verstehen
wie kann ich dir erklären
dass es nicht ist, wie du es siehst
würde dir gern mut machen
und dich halten
doch wie
sehe deine schmerzen
hilflos stehe ich daneben

Ohne Dich

ohne dich ist alles leer
und mein herz so schwer
ohne dich scheint die sonne nicht
alles dunkel, gar kein licht
alle tage nur ein graues einerlei
wünschte die zeit wäre schon vorbei
höre deine stimme nachts im traum
wache auf, bin allein im raum
will dich endlich in meine arme schließen
wärme und geborgenheit genießen
will dich endlich wieder küssen
nicht mehr allein sein müssen

oh wärst du schon wieder hier
ich sehne mich so nach dir

unstillbare sehnsucht

möchte im licht des mondes
mit dir spazierngehen
hand in hand
möchte mit dir
durch den nebel schreiten
deinen körper neben mir
möchte in deinem arm liegen
dich riechen
deinen herzschlag spüren
von deinen lippen
den nektar des lebens trinken
deine hände fühlen
deine liebe spüren
in deinen augen ertrinken
alles hinter mir lassen

nur stunden noch

nur noch stunden
schon zählbar
dann bist du wieder da
dann liege ich in deinen armen
sehe die liebe in deinen augen
spüre deine wärme
fühle deine lippen auf meinen
höre dein sanftes lachen
deine stimme
kann dich wieder ansehen
schon jetzt jubelt mein herz
nur noch ein paar stunden
und du bist wieder hier
kann dich riechen
schmecken
berühren
meine sehnsucht endlich stillen
mit dir verschmelzen
im taumel unserer lust
deine hände spüren
das begehren in deinen augen sehen
dein zärtliches flüstern hören

nur noch ein paar stunden
und du bist wieder bei mir

Sehnsucht nach dir

sehnsucht nach deinen händen
die fordernd und sanft zugleich sind
sehnsucht nach deinen lippen
sehnsucht nach diesem blick in deinen augen
nach deinem lächeln
deinem heiseren lachen

die art wie du dein glas hältst
wie du mir übers haar streichst
wie du mein gesicht in beide hände nimmst
wie du mich in deine arme ziehst
wie deine augen mich ansehen
wie du zart flüsterst
wie du mich hältst
wie du mich küsst
wie wir uns lieben
wie die welt versinkt um uns
sehnsucht nach dir

ist es ein traum?

ist es wahr?
seit zwei jahren schon
du an meiner seite
deine wärme
die mich behütet
deine liebe
die mich hält
deine augen
in denen das licht leuchtet
dein lächeln
glück
deine beständigkeit
deine treue
seit zwei jahren schon
ist es wahr
ist es ein traum
manchmal habe ich angst
dass ich wach werden könnte
und es ist ein traum
und du bist wie alle anderen
und nicht wie du
manchmal habe ich angst
dass es vorüber geht
ist es ein traum?
ist es wahr?

War es ein traum

und nun bin ich aufgewacht

zerbrochene träume
wie zerplatzte seifenblasen
liegen splitter umher
enttäuscht
die naivität verloren
Aus der traum

oder schlafe ich jetzt
und habe einen alptraum

ist es ein alptraum?
ist es wahr?
seit monaten
du lebst neben mir nicht mit mir
deine kälte

die mich frösteln lässt
deine gleichgültigkeit
die mich schmerzt
deine augen
die schweigen
dein unbewegtes gesicht
schmerz
deine launen
deine abwesenheit

seit monaten schon
ist es wahr?
ist es ein alptraum?
ich hoffe
dass ich wach werde
und es nur ein alptraum war
dass du wieder du bist
so wie du warst
ich hoffe
dass ich dich wieder finde
ist es ein alptraum
oder bist du wirklich so?

Schatten

Panzer

wieder einmal
der panzer aus eis
um dein herz
um deine seele
dein verlangen nach dem alleinsein
weist mich ab
lässt mich hilflos stehen
mir bleibt nur das gefühl
im weg zu sein
dicker panzer aus eis
nicht einmal das feuer meines herzens
vermag ihn zu schmelzen
zu dick ist er
in deinen augen
kein gefühl
nur kälte
dein blick
lässt mich frieren
nur dieser panzer
undurchdringlich

wo?

hohe mauern um dein herz
klammer aus eis um deine seele
gestern noch
ich konnte dich spüren
dein lachen sehen
heute
du bist weg
ich suche dich
bist du noch da?
hinter dem eis?
hinter den mauern?
wo?

Narben

narben tief in mir
worte schlagen wunden
taten schlagen wunden
erneut
frische wunden
werden wieder narben
ungezählte narben in mir

Nach hause

manchmal möchte ich nur noch nach hause
an manchen tagen,
wenn alles sinnlos scheint
wenn ich gegen wände renne
wenn ich scheinbar jedem im weg bin
wenn ich mich ungeliebt fühle
dann frage ich mich:
was soll ich hier?
warum muss ich hier sein?
nachhause
zurück
der lichte wald
die alten hohen bäume
mit denen ich sprach
eine lichtung
mit blühenden blumen
ein teich mit seerosen
bemooste steine
lachende gesichter
nächte am feuer
erzählend
singend
tanzend
aus reiner lebensfreude
zwitschernde vögel
streiften mit den wölfen durch den wald
lebte in frieden und harmonie
zuhause
manchmal
will ich nur nach hause

Einsamkeit

einsamkeit
umklammert mich mit festem griff
starre in die dunkle nacht
sehe nur schwärze
wo der mensch, der versteht
der hält
der liebt
verschluckt von den nebeln der zeit
allein blieb ich zurück
voll schmerz
mit augen tränennass

Stadt der lebenden Toten

kein gefühl durchdringt die maske
die sie gesicht nennen
herzen aus stein
augen
leer und tot
worte wie waffen
münder verbittert
lächeln lichtjahre entfernt
zwielicht
totales grau
keine kälte
keine wärme
jeder nur für sich
jeder gegen jeden
gleichgültigkeit
resignation
stadt der lebenden toten

schreie

schreien möchte ich
doch bleib ich stumm
widersprechen möchte ich
doch kein wort zu hören
wehren möchte ich mich
und doch füge ich mich
meine worte bleiben ungesagt
meine schreie verhallen stumm
ich meine nein
und nicke
ich will gehen
doch ich bleib
mir fehlt der mut
mein stummer schrei
das ist nicht mein leben

Tal der schatten

durch das tal der schatten schlepp ich mich dahin
nichts ergibt für mich mehr einen sinn
alte wunden längst geschlossen sind nun wieder offen
nichts was mich auf heilung lässt noch hoffen

bin enttäuscht und tief verletzt
hab jetzt eine maske aufgesetzt
zeig allen ein lachendes gesicht
während in mir meine welt zerbricht

muss immer die starke sein
und fühle mich dabei so allein
möcht nicht nur sorgen haben
und mich immer plagen

wo ist der mensch, der mich hält
der meine welt erhellt
der meine ängste spürt
und mich aus dem dunkel führt

will wieder ins licht
will die sonne spüren auf meinem gesicht
wer nimmt mich an die hand
und führt mich ins helle land

kennst du das auch

die innere einsamkeit
niemand, der dich zu verstehen scheint
niemand, der ist wie du
du suchst wärme und zuwendung
und so
einsam

kennst du das auch
das gefühl nicht mehr zu können
keine kraft mehr zu haben
nicht mehr aufstehen zu können
die müdigkeit
die unlust zu kämpfen
angst zu haben das das seil nicht mehr trägt
auf dem du tanzt seit jahren schon
und so einsam

kennst du das auch
das gefühl
dass alles sinnlos ist
egal was du tust
es ist vergebens
die mutlosigkeit
und so
einsam

kennst du das auch
du gibst immer nur
und irgendwann ist nichts mehr da
was du geben kannst
ausgebrannt
narben auf deiner seele
und so einsam

Die Hand

schweigend stand ich da
tränen liefen über mein gesicht
alles so sinnlos
und leer
nächte und tage
dunkel
einsam
keiner da für mich
sah das messer
das da lockend lag
glitzernd und verheißungsvoll
wollte es beenden
das leben, das so sinnlos war
griff danach
zog meine ader nach
und dann
eine hand
die nach meiner griff
das messer mir entriss
eine stimme aus dem nichts
"nein tu das nicht
das leben hat noch einen sinn
du wirst es schon sehen"
weinend sank ich zu boden
spürte arme mich halten
doch niemand da....
......weiß bis heute nicht wer mich vom abgrund riss

Eiszeit

dein eisiges schweigen
füllt den raum
zwischen dir und mir
eiskristalle in der luft
deine mauern immer höher
von eis bedeckt
friere neben dir
noch versuche ich
mit meinem feuer das eis zu schmelzen
noch versuche ich
die mauern zu durchdringen
aus heiterem himmel
wieder einmal
stehe ich draußen
vor deinen mauern
abgeschoben
verstehe nicht
wie soll ich auch?
wenn ich gehen soll,
sag es
wenn du fremde weiden saftiger findest,
sag es
aber
du schweigst
eis
immer dicker

und ich versuche noch
dich zu erreichen
noch.....
irgendwann
vielleicht
werde ich mein herz schließen
und dann?
dann ist es so, wie du es kennst
und nie wieder wolltest
wirst dich beklagen
dass ich bin wie die frauen vor mir
kalt, nicht mehr liebevoll
dann wirst du gehen
und bei der nächsten wird es auch so sein
aber nie
fragst du dich
warum sie so wurden........

Zu spät

schmerz zerreißt meine brust
deine worte
wie dolche
deine taten
schwerter
taumele umher
blind vor schmerz
blutend
stimme nur noch ein krächzen
flehe um hilfe
bitte um gnade
niemand will es hören
einsam
verwundet
hoffend auf heilung
warten auf ein wunder
zu spät?

meine seele

meine seele
ach so müde
so verwundet
doch noch nicht vorbei
den kelch des leides noch nicht ganz geleert
noch nicht den ganzen schmerz erlitten
noch nicht die letzte träne geweint
noch nicht gezeichnet vom schmerz
doch
meine seele
ach so müde

Großer schwarzer Vogel

sitzt auf einem kahlen ast
nebelschwaden treiben
dein ruf so heiser
dein blick so müde
so leer
dein gefieder stumpf und ohne glanz
einsamkeit umgibt dich
und Schmerz
und hoffnungslosigkeit
großer schwarzer vogel

Nacht

nacht
dunkle schwester
komm zu mir
hülle mich in deine samtene schwärze
nimm mich in deine dunkle umarmung
o nacht
dunkle schwester
bei dir bin ich frei
kann durch die wälder ziehen
mit den wölfen jagen
bin ich ich
o nacht dunkle schwester
komm zu mir

Schmerz

schleicht sich an
auf leisen pfoten
umkreist mich lauernd
gelbe augen in der dunkelheit
immer sprungbereit
will seine klauen in mich schlagen
alte narben aufreißen
meine seele fressen
mein blut trinken

Eis

langsam wird das eis brüchig auf dem ich gehe
feine risse schon zu sehen
dachte es sei sicherer boden
wieder einmal geirrt
wieder einmal vertraut
wieder einmal enttäuscht
höre das knacken bei jedem schritt
dachte ich sei in sicherheit
wieder mal enttäuscht
die risse bewegen sich auf mich zu
linien wie gemalt
soll ich laufen ans ufer oder warten
auf das unvermeidliche
und mich die umarmung
des eisigen wassers begeben

mauer aus eis

mauer aus eis,
die dich umgibt
mantel aus schweigen
erfriere neben dir
schmerz, der mich zereißt
ungeweinte tränen
die mir die kehle zuschnüren
fragen, die mich martern
die ich nicht zu stellen wage
alte narben
die sich öffnen
angst
die nach mir greift
will schreien
doch geht es nicht
tapfer lächel ich
trage eine maske
doch in mir
schmerz
angst
und meine augen grün

schutzlos

wie ein kind
schutzlos ausgesetzt im wald
nackt
allein
kalter wind
kein mond
keine sterne
keine sonne
kein licht
dunkelheit
undurchdringlich
kälte
wind
schneeflocken
eiskristalle
und
die wölfe heulen

Zwischen den Welten

zwischen den welten bin ich zuhaus
wechselnd zwischen hier und dort
tanze mit den elfen
bade im licht der Mondin
nie ganz hier
nie ganz dort
aber immer bei mir
und auch immer bei dir

der tag ist mein freund
die sonnenstrahlen auf der haut
der wind, der mich streichelt
die zwitschernden vögel
die wolken, die in bizarren mustern
über den himmel ziehen.
die nacht ist mein freund
die sanftheit des dunklen himmels
die funkelnden sterne
die silberne Mondin

Allein

in der wüste meines schmerzes
in tiefer dunkelheit
in eisiger kälte
umherirrend
ohne ziel
kein weg zu sehen
durch die finsternis taste ich mich voran
töne des leids höre ich
stolpere über gefrorene tränen
lasse mich zu boden sinken
schmerz dolchen gleich
da
ein licht
sehe dein lächeln vor mir
träume ich?
ist es illusion?
höre ein zärtliches lachen
du gehst auf mich zu
ziehst mich hoch
trocknest meine tränen
heilst meine wunden

Erinnerung

höre deine stimme
sie ruft mich
über die jahrhunderte hinweg
deine gedanken, die mich suchen
spüre deine berührung
fühle unser altes band
wenn ich nachts im dunkeln liege
spüre ich dich neben mir
höre dein sanftes flüstern in einer sprache,
die ich längst vergessen glaubte
über die jahrhunderte hinweg
bist du mir immer noch nah
und dennoch fern
spüre deine hände auf meinem haar
deinen atem in meinem nacken
deinen körper, der sich an mich schmiegt
höre deine stimme
die mich zärtlich ruft
über die jahrhunderte hinweg

schmerz

für immer verbunden
so sollte es sein
hab dich gesucht
so viele leben lang
bis endlich ich dich wieder fand
das band
es war immer noch da
jahrtausende alt und doch so stark
du hast es zerrissen
und wunden geschlagen
mein blut
das schrie nach dir
doch du warst taub
für all den schmerz
den ich empfand
jetzt ist es vorbei
nach so langer zeit
und die leere in mir
wird nie mehr gefüllt
vielleicht war es so bestimmt
von allem anfang an

Verbunden

erinnerung an damals
vermisse den glanz deiner haare in der sonne
vermisse deine hand, die sich um meine schließt
vermisse dein lächeln
den tiefen blick deiner augen
den duft deines körpers
deine sanfte stimme
das wehen deiner haare im wind
den salzgeschmack auf deiner haut
den blick deiner augen
deine hände, die mich leiten
seit jahrhunderten

versunken

sonne versinkt hinter den steinen
die vögel schweigen
spüre dich neben mir
deine berührung auf meiner haut
sanfte finger, die magische muster zeichnen
sehe dich an
versinke in deinen augen
aus denen uralte weisheit und tiefe liebe spricht
deine hände in meinen haaren
deine lippen auf meinen
raum und zeit versinken

damals

raven nanntest du mich
mo cridhe ich dich
in den nächten im steinkreis
an den tagen auf der insel
wir lebten wie in einem traum
wir lernten voneinander

dann rief die göttin mich fort
musste in die welt hinaus

du am ufer
sahst mir nach
den arm zum abschiedsgruß erhoben
tränenschleier
hörte dein rufen durch das rauschen der wellen
"raven tha gradh agam ort."
der nebel verschluckte dich

sah dich nie wieder

Beltaine

die feuer brennen
die trommeln singen ihr wildes lied
die Göttin ist in uns
in mir
warten auf den gehörnten
liege im steinkreis
erwarte dich o Cernunnos
rufe dich herbei
komm zu mir o Gott
dann
trittst du zwischen den steinen hervor
die luft vibriert
du kniest neben mir
o Cernunnos, mein mann, mein gebieter
deine macht überwältigt mich
du berührst mich
meine haut beginnt zu brennen
das feuer verzehrt mich
komm zu mir
Cernunnos....

Wege

wege finden sich
wege verlieren sich
auch wenn wir es nicht verstehen
die götter wissen, was sie tun
uns bleibt die hoffnung
über den abschied hinaus
und die erinnerung
an eine liebe
so kostbar und rein
wie der quell des lebens selbst
unzerstörbar
unsterblich
über die zeiten hinweg

Branwen

branwens herz gebrochen
heiße tränen in der dunklen kalten nacht
gefunden
und
verloren
den, der sie liebt
den, der sie versteht
den, der sie hält
wieder einmal
zurück bleibt der schmerz
und die stumme frage an die götter
warum so grausam
warum zeigt ihr ihn um ihn dann zu nehmen
branwen hüllt sich in ihr schwarzes tuch
gesenkten hauptes zieht sie weiter
leise hoffnung noch im herzen
auf die gnade der götter
doch das band bleibt bestehen

das mal

auf meiner stirn
das blaue mal
es pocht
wieder und wieder
will mich erinnern
an vergangene zeiten
will mir etwas sagen
aber was?
noch liegen die schleier der zeiten
vor den antworten
die wir suchen
höre die raben rufen
höre die wölfe heulen
suche nach antworten
in den nebeln

Vollmondnacht

nacht
hell wie der tag
vollmondin am himmel steht
erhellt den kreis
in weißen gewändern
ziehen wir über die heide
auf die kuppe des berges
haar glänzt wie silber im mondenschein
haut schimmert bläulich
in ihrem licht
spüre deine energie
die sich mit meiner verbindet
wirbelnde, tanzende muster
in den farben des regenbogens
elektrizität in der luft
kraft und macht
weben muster in die nacht
zeit zerfließt
vergangenheit
gegenwart und zukunft eins
tanzen zu ihren ehren
zwischen den steinen
raum hebt sich auf
sie ist bei uns
hellauf lodernd
das feuer brennt

im nahen walde
heult ein wolf
ein rabe flattert kreischend auf
wir öffnen den kreis
doch die magie
und die kraft
bleiben in uns

Morrigan

Göttin der liebe
Göttin des hasses
Göttin des schutzes
Göttin des krieges
hell
und
dunkel
vereinen sich in dir
du liebst aus vollem herzen
du schützt dein volk und deine kinder
und
du hasst aus vollem herzen
du bringst tod und verderben
über die, die dein volk oder dich bedrohen
du weinst, wenn dein volk weint
und
du schreitest lachend über die zerschlagenen körper der
feinde
licht
und
schatten
in dir
vereint
o Morrigan, meine Göttin

einsamkeit der hexe

die einsamkeit der hexe
kaum einer, der sie je versteht
so geht sie ihren weg
einsam im herzen
stark
und wäre doch so gern schwach
möchte sich anlehnen
manchmal
ihr herz von eis umgeben
keiner, der es zu schmelzen vermag
niemand, dem sie vertrauen kann
stark
machtvoll
stolz
und
einsam
immer
von leben zu leben
auf der suche
auf ihrem weg
steinig
und
immer
einsam

wind

der wind erzählt ein lied
blättern wirbeln wild umher
im farbenrausch
regen prasselt auf die erde
wind spielt mit meinen haaren
tanze mit ihm
meine nackten füße rascheln im regennassen laub
möchte mit ihm fliegen
möchte seinem lockenden ruf folgen
zu den klippen
wo das tosende meer
sich an den steinen bricht
wo die möwen schreien
wo alles begann
vor vielen zeiten
wo ich dich das erste mal sah
dein langes haar wehte im wind
du sahst mich an
du lächeltest so sanft
dein blick sah tief in mich hinein
du lehrtest mich alles
und an diesen klippen
wo ich dich verlor
vor vielen zeiten
käme diese zeiten doch wieder
und würde meine sehnsucht nur gestillt
der wind singt jetzt mein lied
erinnerungsschwer
und sehnsuchtsvoll
und trägt es zu dir

Der Druide

er steht an den klippen
schaut übers meer
wissende, sanfte augen
flatterndes haar im wind
das in der sonne glänzt
sein willen allein
bezwingt die mächte
stark und machtvoll
schön und liebevoll
sein wort lässt Götter lauschen
und könige erzittern
er befiehlt den wellen
spricht mit den tieren
seine hände wecken das feuer
und heilen alle schmerzen
in seinem weißen gewand
steht er an den klippen
schaut übers meer

Bäume

verwunschener ort
wind, der uns berührt
magie aus vergangenen tagen
elfen am wegesrand
rufen mich in ihren kreis
sonne, die zärtlich mich bescheint
tanze mit den elfen
ihren reigen
und dann
du
wie aus dem nichts
wie ein zarter hauch
deine küsse
deine berührung so vertraut
zärtlich flüsternd
im bann der magie
in deinem arm
wärme
leben

Der Traum

lichtung hell im schein der Mondin
silbern glänzt ihr licht
ich
allein
und doch geborgen in mir selbst
getragen von hoffnung
zwischen den bäumen
im hain am wiesenrand
im schatten verborgen
dein gesicht
du wirst kommen eines tages
spüre deine wärme
spüre deine liebe
du wirst mich leiten
tritt hervor
und zeig dich mir
bade im mondlicht
löse mein haar
warte
die sterne funkeln
eines tages wirst du da sein

nebelfetzen zwischen den bäumen
schwaches mondlicht durchdringt sie kaum
sitze an einem see

silbrig glänzendes licht
plötzlich teilen sich die nebel
du stehst vor mir
gewartet habe ich auf dich
jahrhunderte schon
nun bist du da
trittst aus den nebeln hervor
lächelst mich an
endlich
sehe deine augen
du bist es
du gehst auf mich zu
nimmst mich in die arme
endlich
mein warten ist vorüber
nie wieder wirst du gehen
wir haben uns gefunden
über die nebel der zeiten hinweg
werden uns nie mehr trennen

Bandrui

dunkle wolken jagen über den himmel
sturmgepeitschte see
aufgewühlt
schaumkronen
wellen brechen sich an den klippen
regentropfen zerschneiden die luft
ich
oben auf der klippe
im blauen gewand
rotes haar flattert im wind
bin eins mit den elementen

Damals

Ich war eine Bandrui namens Branwen und lebte auf
Mona, zumindest nannten wir den Ort so. Ob es das alte
Mona war, vermag ich nicht zu sagen. Es war zu Beginn
der Christianisierung Britanniens.
Die Mönche waren auf dem Vormarsch in Richtung Wales.

Eines Tages im Herbst, nach Lughnasad kam ein Bote, von
einem walisischen Stamm, um uns um Hilfe zu bitten. Eine
Versammlung wurde einberufen, nachdem der Bote mit der
Hohepriesterin und dem Obersten Druiden gesprochen hatte.
Der Bote schilderte uns die bedrängte Situation, in der sie
sich befanden. Ein Großteil der Krieger war von den
Kämpfern, die die Mönch begleiteten, getötet worden. Ohne
Grund, einfach nur, weil ihr Gott machtgierig war. Der
Häuptling Caroc bat uns um Hilfe, um eine Heilerin und
um Krieger.

Nach einer längeren Debatte entschied die Versammlung,
dass wir ihre Bitte erfüllen wollten. Eine kleine Gruppe
wurde zusammengestellt, die den Boten zurück begleiten
sollte. Ich wurde mit gesandt, da ich schon mehrmals in
Wales gewesen war und eine Kriegerin. Mehr Leute
konnten wir nicht entbehren, da in vielen Gebieten unser
Volk bedrängt wurde und wir auch dort schon Druiden,
Bandruis und Krieger und Kriegerinnen hingeschickt
hatten. Außerdem mussten auch noch genügend dableiben

um weiterhin zu lehren und in den Künsten auszubilden.

Wir brachen früh im Morgengrauen auf, zu Fuß, da wir in dem unwegsamen Gelände, das uns in Wales erwartete ohne Pferde beweglicher waren. Wir waren ca. 3 Wochen zu Fuß unterwegs bis wir dort ankamen wo die Reste des Stammes sich verborgen hielten.
Auf unserer Reise sahen wir niedergebrannte Dörfer und überall war auf den Trümmern das Zeichen desjenigen aufgestellt, in dessen Namen unser Volk verfolgt und vernichtet wurde. Aber warum? Warum töteten diese Barbaren uns einfach so ohne Grund? Es war mir unbegreiflich, dass ein Gott so bösartig und rachsüchtig sein konnte, wie dieser.
Sie töteten auch Frauen und Kinder, nur weil jene sich weigerten, an diesen egoistischen, bösen Gott zu glauben und ihn anzubeten. Welche Barbaren.
Das Land weinte, ob dieser Grausamkeiten.

Als wir an dem Ort in den Bergen ankamen, wo der Stamm sich versteckt hielt, war es schon dunkel. Der Häuptling Caroc begrüßte uns erleichtert. Er hatte schon befürchtet, dass sein Bote den Männern in den schwarzen Kutten in die Hände gefallen war.

Caroc war ein hochgewachsener, kräftiger Mann mit langen schwarzen Haaren, das mit grauen Strähnen durchzogen war. Seine Augen waren grün und voll Wärme und

Weisheit.

Wir brachten ihm Grüße von Mona und berichteten ihm was wir unterwegs gesehen hatten. Zum Glück würde bald der Winter kommen und dann hätten wir etwas Ruhe vor den Schwarzkitteln, die sich im Winter nicht so tief in die Berge wagten. Sie bezeichneten sich ja als über der Natur stehend, aber hatten Angst vor ihr. Im Winter konnten wir uns etwas freier bewegen.

Auf unseren Rücken hatten wir auch Vorräte aus Mona mitgebracht, da die Felder alle zerstört und die Ernte vernichtet worden war. Auch brachte ich getrocknete Heilkräuter mit, da ich nicht wusste, was wir im Wald jetzt noch finden würden.

Nachdem ich nach den Verwundeten gesehen hatte, begaben wir uns alle zur Ruhe.
Am nächsten Morgen, es war schon kalt und der Atem bildete einen Hauch vor dem Mund, ging ich als erstes zur Quelle. Sie floss in ein kleines Bassin aus Fels. Ich sah in das Wasser um herauszufinden, ob wir heute gefahrlos zur Jagd gehen konnten. Danach schickte ich meine Raben aus, die die Gegend absuchen sollten und uns vor eventueller Gefahr warnen sollten.

Die Vorzeichen waren günstig und auch die Raben warnten uns nicht, daher ging Caroc mit einigen anderen, darunter unserer Kriegerin, zur Jagd. Ich hatte sie, so wie einen meiner Raben als Schutz mitgeschickt.

Ich kümmerte mich wieder um die Verwundeten und beratschlagte mit den Zurückgebliebenen, was für den Winter noch alles zu tun war. Wir hofften, dass die Jagd erfolgreich war. Das Fleisch würden wir trocknen und die Felle zu wärmenden Decken und zu Bekleidung verarbeiten. Als der Mittag nahte, bat ich zwei Mädchen mich in den Wald zum Sammeln von Kräutern zu begleiten. Wir fanden einiges, auch Bucheckern und andere Früchte des Waldes, die uns als Nahrung dienen konnten.

Kurz vor Einbruch der Dunkelheit kehrten wir ins Lager zurück. Die Jagdgruppe war auch schon zurück und hatten sehr viel Beute mitgebracht. Wir würden zumindest nicht hungern müssen.

Es wurde immer kälter, morgens war alles Nebel verhangen und überall war Raureif. Nun mussten wir keine Angriffe mehr fürchten. Das Fleisch wurde für den Winter vorbereitet, die Felle wurden verarbeitet. Wir übten uns im Kampf und ich unterrichtete zwei Mädchen in der Heilkunst.

Caroc und ich saßen oft bis spät in der Nacht am Feuer und sprachen über die Geschehnisse in den letzten Jahren. Und wir versuchten eine Lösung zu finden, wie wir den mordgierigen Mönchen entgehen konnten.

Dann kam Samhain, das wir auf alte Weise feierten. Kurz
danach begann es zu schneien und wir richteten uns auf
einen friedlichen Winter ein. Gefahr drohte jetzt keine mehr.
Die Wege ins Tal waren tief verschneit. Manchmal gingen
wir zur Jagd. Abends erzählten wir uns Geschichten von
den Göttern und aus der alten Zeit, als wir noch leben
konnten, wie wir wollten und nicht bedroht wurden.
Mittwinter kam und die Tage wurden wieder länger. Caroc
und ich fanden immer mehr, was uns verband und gegen
Ende des Winters begannen wir das Lager zu teilen.
Langsam kam der Frühling, es wurde wärmer und in den
tieferen Lagen taute schon der Schnee.
Nun wurde es Zeit für uns, uns zu überlegen, was wir tun
konnten. Sollte der Stamm sich weiter in den Bergen
verbergen oder sollten sie versuchen, nach Irland oder in die
Bretagne zu entkommen. Dort gab es noch Gegenden, die
von den Mönchen verschont worden waren.
Nach Beltane wollten wir mit einem kleineren Trupp
aufbrechen, um einen relativ sicheren und nicht zu
beschwerlichen Weg zur Küste zu finden. Danach sollte erst
der Rest des Stammes mit den Alten und den kleinen
Kindern nachkommen. Nach dem Frieden im Winter waren
wir alle ausgeruht.
Als die Quelle wieder eisfrei war, konnte ich auch wieder mit
Mona kommunizieren. Und ich sah düstere Vorzeichen…
An Beltane feierten Caroc und ich die Heilige Hochzeit um

*das Land und die Götter gnädig zu stimmen. Unser Feuer
loderte weithin sichtbar, auch auf den anderen Hügeln sah
ich Feuer. Noch waren wir nicht besiegt.
Und in dieser Nacht empfing ich Carocs Kind, das sein
Blut und meines weiter tragen sollte.*

*Zwei Tage nach Beltane brachen wir auf. Wir waren ein
kleiner Trupp, ca. 10 Personen. Die Kriegerin aus Mona
blieb bei den anderen zurück. Wir wollten die anderen
holen, wenn wir eine sicheren Weg gefunden hatten. Das
was wir vor hatten war gefährlich und in den Nebeln hatte
ich Blut und Tod gesehen...*

*Wir hielten uns abseits der Wege und am Fuß der Berge
wandten wir uns nach Norden. Hier gab es weniger
Siedlungen. Wir wollten durch die Wälder zum Meer. Von
dort wollte ich Schiffe aus Mona herbei bitten.
Wir kamen nur langsam voran. Meistens gingen wir
nachts, da es uns da sicherer schien. Siedlungen, in denen
ein Haus das Zeichen des grausamen Gottes trug,
umgingen wir weiträumig. Ich spürte immer stärker, dass
etwas Dunkles und Bedrohliches auf uns wartete. Jeden
Morgen sandte ich meine Raben aus, die uns am Tage in
unserem Versteck bewachen sollten. Und des nachts gingen
wir weiter.
Als wir nach ca. 2 Wochen morgens unser Lager im
Dickicht aufschlugen, schrien die Raben und wir wussten,
dass wir kämpfen mussten. Wir suchten uns einen Platz,*

von dem wir aus dem Hinterhalt angreifen konnten. Am
Mittag, als die Sonne hoch stand, traten die ersten
Barbaren auf den Weg. Wir kämpften tapfer und Morrigan
hielt reiche Ernte unter den Dienern des hochmütigen
Gottes. Am Abend schlugen wir uns wieder tiefer in die
Wälder. Überall waren die Schwarzkittel und es gab kaum
noch einen sicheren Pfad. Unsere Lage war sehr bedenklich.
Am nächsten Morgen rasteten wir an einem See im Wald.
Es war noch dunkel und wir waren müde und erschöpft.
Vielleicht erklärt das mein Versagen, die Gefahr nicht
rechtzeitig gespürt zu haben. Vielleicht sollte das auch ein
Hinweis von meiner Göttin sein, dass ich auch meine Gabe
des Todesfluchs hätte anwenden sollen, früher….
Aber es entschuldigt mein Versagen nicht, in keiner Weise.
Wir saßen müde am Ufer des Sees und überlegten, wohin
wir uns wenden sollten. Einer meiner Raben schrie, aber es
war zu spät… Ein Pfeil brach aus dem Dickicht hervor und
traf Caroc mitten ins Herz. Für mich blieb die Zeit stehen.
ich sah, wie das Leben aus ihm wich. Seine Augen, die die
meinen suchten, von Schmerz und Unglauben erfüllt,
wurden immer trüber. Sein Blut floss auf mein Kleid und
tränkte es. Ich hörte nicht die Schreie der Krieger und nicht
die Kampfgeräusche. Ich sah nur den Mann, den ich liebte,
in meinen Armen sterben. Mit letzter Kraft sprach er:
"Versprich, dass wir uns wiedersehen"
Dann ging seine Seele in die Anderswelt und ich sah wie die
Göttin ihn aufnahm.

Ich blieb zurück voll Schmerz und Hass. Ich ließ seinen Körper ins Gras gleiten und tat das, was ich schon lange hätte tun sollen. Ich sang den Feinden ihren Todesfluch und sah wie sie voll Schmerzen starben. Als das Gemetzel vorüber war, waren wir nur noch drei. Wir verbrannten unsere ehrenvollen Krieger und den Leib des Häuptlings und schworen, als die Flammen in den Himmel schlugen, nie wieder einen Christen zu verschonen. Die toten Feinde überließen wir den Tieren zum Fraß.

Ich versorgte die Wunden der Überlebenden und wir beschlossen erst einmal wieder zum Lager zurück zugehen und den Sommer verborgen in den Bergen zu verbringen. Im Herbst, wenn die Nebel uns verbergen würden, wollte ich versuchen, alle nach Mona zu führen. Lieber hätte ich weitergekämpft, aber ich musste auch an das Kind, das in mir heranwuchs denken. So zogen wir mit schweren Herzen zurück ins Winterlager. Unterwegs trafen wir immer wieder Anhänger dieses bösen Gottes, die dann alle in ihr so heißersehntes Jenseits eingingen.

Zur Sommersonnwend trafen wir wieder im Lager ein. Den Sommer verbrachten wir verborgen in den Bergen. Samhain nahte und bald würden die Nebel uns verbergen. Mein Leib wurde immer beschwerlicher und direkt nach Samhain brachen wir auf. Nachts und in den Nebeln suchten wir unseren Weg.

An Wintersonnwend erreichten wir endlich das Meer. Ich rief Mona und bat um ein Schiff. Am Tag an dem die Christen die Geburt ihres Gottes feierten, traf es ein. Die

Kinder und die Alten, die nicht mehr kämpfen konnten,
gingen an Bord. Aber ich hatte noch etwas zu erledigen.
Im Schutze der Nacht schlichen wir an eine Siedlung heran.
Dort feierten sie in einem Gebäude die Geburt ihres
grausamen Gottes. Wir verbarrikadierten die Türen und
dann setzen wir das Gebäude in Brand. Alle starben in den
Flammen und ich hörte Morrigan lachen. Nein, einen
ließen wir entkommen, er sollte den anderen berichten, dass
ihr doch so machtvoller Gott sie nicht vor unserer Rache
und der Rache unserer Götter beschützen konnte.
Jetzt konnten auch wir das Schiff besteigen und nach Mona
fahren.

Kurz nachdem wir dort angekommen waren, kam mein
Mädchen zur Welt. Es hatte schwarze Haare und Carocs
wunderbare Augen. Ich nannte sie Cara.
In den folgenden Jahren lebte ich mit ihr auf Mona. Sie
wurde unterrichtet und ich erzählte ihr viel über ihren
Vater, den sie leider nie kennen lernen durfte.
Bis zu meinem Tode nahm ich mir keinen Gefährten mehr.
Als Cara fertig ausgebildet worden war, verließen sie und
ich Mona und gingen in die Bretagne. Dort lebte meine
Schwester. Auch dort mussten wir uns in den Wäldern
verbergen, aber es gab dort noch mehr von uns, die wir die
alten Götter nicht verraten hatten. Die anderen trauten sich
nicht mehr in den Wald, denn keiner kehrte lebend zurück.
Nur die Kinder ließen wir in Ruhe, denn sie konnten nichts
dafür.

In der Bretagne mitten in den Wäldern konnten wir in Frieden leben und unseren Göttern dienen. Nur einsam war es für mich ohne Caroc.